# GUIDE PRATIQUE

## D'ADMINISTRATION

## COMMUNALE

1929

# PETIT

# GUIDE PRATIQUE

## D'ADMINISTRATION

## COMMUNALE

1929

## PETIT

# GUIDE PRATIQUE

### d'Administration Communale

## I. — COMPOSITION DE LA MUNICIPALITÉ

HUBERT-ROUGER, député, maire, 9, Place d'Assas

MAISONNEUVE Maurice, 1ᵉʳ adjoint (Finances, Eaux, Eclairage, Tramways, 6, rue de la Bienfaisance ;

ANGELRAS Adrien, 2ᵉ adjoint (Hygiène, Prévoyance sociale, Assistance, Bureau d'hygiène, Laboratoire, Abattoirs, Marché aux bestiaux) à St-Césaire ;

ALIBERT Félix, 3ᵉ adjoint (Bâtiments, Lavoirs, Pompes Funèbres), rue Anatole-France ;

VALMONT Jean, 4ᵉ adjoint (Urbanisme, Rues, Places, Promenades, Chemins vicinaux, Musées, Bibliothèque, Ecoles de Musique et de Dessin), 2, rue des Tilleuls ;

BERNARD Albert, 5ᵉ adjoint (Enseignement, Education physique, Spectacles, Comité des Fêtes, Fêtes publiques, Syndicat d'Initiative, Sports, Tourisme, Orphelinat Municipal) ;

Le rang des adjoints est déterminé par leur ordre de nomination.

# 2. — ADJOINTS SPÉCIAUX

MM. Lessut Raoul, à Saint-Césaire et Maïlhan Auguste, à Courbessac.

Les Adjoints spéciaux sont nommés par le Conseil municipal. Ils remplissent les fonctions d'Officier de l'Etat-Civil.

---

# 3. — ETAT NOMINATIF

des Conseillers Municipaux dans l'ordre

du Tableau

Lessut Raoul, à Saint-Césaire.
Aubert Louis, 12, rue Charlemagne.
Vernet Hubert, 6, Boul. Alphonse Daudet.
Ménard Charles, 2, rue Guizot.
Marron Justin, 27, rue de l Ecluse.
Cellié Joseph, 76, Boulevard Gambetta.
Mollinier Ulysse, 3, rue Rouget de l'Isle.
Mailhan Auguste, à Courbessac.
Mouret Edmond, 25, rue de la Madeleine.
Baumes Marcel, 5, rue Clovis.
Broc Jean, 5, rue Stanislas Clément.
Fobis Jean, 19, rue Rouget de l'Isle.
Belgodere Antoine, 6, rue Monjardin.
Allier Emile, 30, rue Saint-Laurent.
Sugier Jacques, 50, rue de la République.

Montredon Pierre, 36 bis, Boul. Jean Jaurès.
Lhubac Jean, 2, rue Cart.
Bessiere Marcel, 8, Place de la Bouquerie.
Astier Albert, 9, rue du Cérisier.
Métivier Paul, Rte d'Avignon, Parc fourrages.
Pichon Ernest, 18, Boulevard Natoire.
Lt-Colonel Blanchard, 39, rue d'Aquitaine.
De Trinquelague-Dions, 3, rue Monjardin.
Docteur Lafon, 30, rue Clérisseau.
Heral Auguste, 46, rue Nationale.
De Bernis René, 3, rue de Bernis.
Dugas Henri, 15, Boulevard Gambetta.
Des Guerrois Charles, 4, rue Crémieux.
Desmonteix Louis, 4, rue Baduel.
Magne Eugène, 2, rue de la Vierge.

L'ordre du tableau est déterminé, même quand il y a des sections électorales :

1° Par la date de la plus ancienne nomination ;

2° Entre conseillers élus le même jour par le plus grand nombre de suffrages obtenus ;

3° A égalité de voix, par la priorité d'âge.

# 4. — RÉUNIONS DU CONSEIL MUNICIPAL

Le Conseil se réunit obligatoirement quatre fois l'année ; en Février, Mai, Août et Novembre. La durée de chaque session est de 15 jours, elle peut être prorogée, sur approbation du Préfet. La session pendant laquelle le budget est voté, peut durer six semaines.

Le Conseil Municipal peut également se réunir, soit sur la convocation du Préfet, soit sur celle du Maire ou encore sur la demande motivée du tiers des Membres en exercice du Conseil Municipal.

Les séances du Conseil municipal sont publiques ; néammoins, sur la demande de trois membres ou du Maire, le Conseil Municipal décide. sans débat. s'il se formera en Comité secret.

Le vote a lieu au scrutin public sur la demande du 1/4 des membres présents ; il est voté au scrutin secret toutes les fois que le 1/3 des membres présents le réclame ou quand il s'agit de procéder à une nomination ou désignation.

Le scrutin secret est de droit quand il est demandé en même temps que le scrutin public.

Le Conseil municipal peut former des Commissions chargées d'étudier les questions qui lui sont soumises.

# 5. — COMMISSIONS

## Commissions dans lesquelles sont étudiées les questions avant d'être soumises au Conseil municipal

*a) Commission des Finances.* — MM. Hubert-Rouger, Maire ; Maisonneuve, Ménard, Cellié, Aubert, Bessière, Belgodère, Vernet, De Trinquelague, Dugas, Héral, Métivier.

*b) Des Travaux Publics.* — MM. Alibert, Valmont, Angelras, Astier, Broc, Mouret, Lessut, Dr Lafon, Magne, Blanchard, Desmonteix.

*c) Des Objets divers.* — MM. Bernard Montredon, Mailhan, Baumes, Fobis, Mollinier, Marron, Lhubac, Sugier, Des Guerrois, de Bernis, Pichon.

*c) Du Contentieux.* — MM. Hubert-Rouger, Maire, Maisonneuve, Valmont, Angelras, Bessières, Dugas, Lhubac, Dr Lafon, Des Guerrois.

## Commissions spéciales auxquelles les questions peuvent être renvoyées pour avis

*a) Commission scolaire.* — MM. Bernard, Allier, Cellié, Vernet, Broc, Belgodère, Angelras, Montredon, Marron, Aubert, Astier, Ménard.

*b) Dénomination des voies publiques.* —
MM. VALMONT, BESSIÈRES, ASTIER, MARRON,
Dr LAFON.

*c) Personnel municipal.* — MM. MAISONNEU-
VE, ASTIER, AUBERT, BAUMES, ALLIER, MÉTI-
VIER, BLANCHARD.

*d) Des Sports.* — MM. BERNARD, ALLIER,
LHUBAC, SUGIER, LESSUT, MÉTIVIER, BLANCHARD.
MARRON, VERNET, MOURET.

*e) Des Eaux.* — MM. MAISONNEUVE, FOBIS,
BLANCHARD.

*f) Octrois.* — MM. MAISONNEUVE, FOBIS,
VERNET, BESSIÈRE, HÉRAL, MÉTIVIER.

*g) Pompes funèbres.* — MM. ALIBERT, MON-
TREDON, FOBIS, VERNET, LESSUT, MAILHAN,
Dr LAFON.

## Commissions ayant pour objet le contrôle d'un service ou d'une entreprise soumis à un cahier des charges établi par le Conseil municipal

*a) Tauromachique.* — MM. BERNARD, LES-
SUT, MARRON, ASTIER, DE TRINQUELAGUE, MOU-
RET, PICHON, (BAUMES, MAILHAN, suppléants).

*b) Théâtrale.* — MM. BERNARD, VERNET, SU-
GIER, MONTREDON, BROC, MARRON, HÉRAL,

Mouret, Desmonteix et les représentants des
abonnés, nommés par le Maire.

c) *De l'habillement.* — MM. Fobis, Mouret,
Héral.

## Commissions prévues par la loi
## ou les règlements municipaux

a) *Ecole pratique.* (Conseil de perfectionne-
ment). — MM. Hubert-Rouger, Angelras,
Broc, Aubert, Métivier.

a bis) *Ecole Pratique* (Section de bricola-
ge rural). — MM. Angelras, de Trinquelague.

b) *Orphelinat municipal.* — MM. Bernard,
Mollinier, Cellié, Vernet, Fobis, Ménard,
Marron, Lessut, Dr Lafon, De Trinquelague.

c) *Des Adjudications.* — MM. Aubert et
Pichon, titulaires ; Fobis et Montredon, suppléants.

d) *De l'Ecole de Musique.* — MM. Valmont,
X... et X...

e) *Legs Boucher de Perthes et Suchomel,
Fondation Louis Rigal.* — MM. Angelras,
Pichon.

*f) Caisse de chômage.* — MM. MARRON, BROC.

*g) Chambre d'apprentissage.* — MM. ALIBERT, BLANCHARD.

*h) Chambre d'agriculture.* — M. LESSUT.

*i) Bureau d'Hygiène.* — MM. ANGELRAS, Dr LAFON.

*j) Bibliothèque.* — M. BESSIÈRE.

*k) Commission d'avancement du Personnel.* — MM. HÉRAL, FOBIS.

*l) Conseil de discipline du Personnel.* — MM. BESSIÈRE, BAUMES.

*m) Lycée de Jeunes Filles.* — MM. VERNET, CELLIÉ.

*n) Tramways.* — MM. MAISONNEUVE, BELGODÈRE, ASTIER, MARRON, MONTREDON, DES GUERROIS.

*o) Tramways* (Commission de réforme du personnel) — M. MÉNARD.

## Délégués du Conseil aux différentes Commissions administratives des établissements charitables

*a) Des Hospices.* — MM. HUBERT-ROUGER, Maire, Président ; ASTIER, AUBERT.

---

*b) Du Bureau de Bienfaisance.* — MM. HUBERT-ROUGER, Maire, Président ; VERNET, MOURET.

---

*c) Du Crédit municipal.* — MM. HUBERT-ROUGER, Maire, Président ; FOBIS, DE TRINQUELAGUE.

## Délégués du Conseil municipal au Syndicat d'initiative et au Comité des Fêtes

*a) Syndicat d'initiative.* — MM. BERNARD, MONTREDON, SUGIER, DESMONTEIX.

---

*b) Comité permanent des Fêtes* (Délégués). — MM. J. VALMONT, BERNARD, MARRON, BAUMES, LESSUT, MOURET, DESMONTEIX, PICHON.

# 6. — SERVICES DE LA MAIRIE :
## leurs attributions

Les Services municipaux comprennent :

1° Des services administratifs ;
2° Des services techniques ;
3° Un magasin de contrôle ;
4° Un personnel subalterne ou journalier.

Ils sont placés sous le contrôle du Secrétaire général, chef du personnel.

Secrétaire Général : M. Roux Emile.

**A. — Les services administratifs** comprennent :

1° *Le Cabinet du Maire* qui a pour attributions : (*a*) L'ouverture, l'enregistrement et la distribution de la correspondance ; (*b*) La correspondance générale du Maire et tous les actes ressortissant à ses fonctions ; (*c*) La préparation des sessions du Conseil municipal, les convocations du Conseil et des Commissions, la tenue du registre des délibérations ; (*d*) Le Contentieux communal, la tenue du Répertoire des actes soumis à l'enregistrement ; (*e*) La préparation et expédition des budgets, le règlement des dépenses de toute nature, et tout ce qui relève de l'administration générale.

Chef de Cabinet : M. Laurent Emmanuel.

2° *La 1re division* où se trouvent réunis la Comptabilité, l'Instruction Publique, le Cadastre.

Le bureau de l'Instruction publique a pour attribution tout ce qui concerne les écoles pu-

bliques et l'Enseignement : fournitures scolai-
res, installation des instituteurs, etc.., etc...

C'est au Cadastre que doivent se faire les déclarations d'accidents survenus en cours de
travail et celles présentées en matière de Con-
tribution de toute nature. Ces dernières sont
reçues au Cadastre pendant le mois qui suit
la publication du rôle ; passé ce délai, elles
doivent être adressées à M. le Préfet et sur
timbre, si la côte contre laquelle on réclame
s'élève à plus de 30 francs. C'est au Cadastre
également que se font les déclarations s'appliquant aux chiens, voitures et chevaux.

Chef de division : M. BLANC Louis.

3° La 2e division composée de l'Etat-Civil
et des Pompes Funèbres.

Le service des Pompes Funèbres a pour attribution générale, le service des inhumations,
des exhumations et du transport des corps à
l'intérieur de la ville.

Il constitue une régie municipale et, à ce
titre, reçoit les commandes de cercueils, en
dresse facture qu'il remet aux Régies pour la
perception, contrôle les fournitures de l'entrepreneur, chargé de la fabrication des cercueils, en vérifie les mémoires, ainsi que ceux
de l'entrepreneur du transport des corps.

Chef de division : M. PERRIER Henri.

4° *La 3me division*, constituée par le service des listes électorales, celui des œuvres
d'assistance sociale et des retraites ouvrières
et le Bureau Militaire.

C'est à la 3me division que se font les déclarations relatives au domicile et à l'assis-

tance judiciaire, à la formation des Syndicats
professionnels et que sont déposés les actes
signifiés aux absents et les demandes pour per-
mis de chasse. La légalisation des signatures,
l'établissement des certificats de toute nature,
des statistiques sur l'agriculture, le commer-
ce, font partie de ses attributions.

Chef de division : M. POIREY Joseph.

5° *La 4me division*, qui se compose de la
police urbaine et de la police rurale.

La police urbaine compte 95 agents, y compris les gradés, inspecteurs, sous-inspecteurs,
brigadiers, secrétaires de commissaire de police, sûreté et mœurs.

Le service de la sûreté et des mœurs comprend 25 agents ou gradés ; il a à sa tête un
commissaire de première classe.

La police urbaine est dirigée par un Commissaire Central, ayant sous ses ordres, indé-
pendamment du Chef de la Sûreté et des
Mœurs, trois autres commissaires de police,
qui ont leur siège dans les arrondissements.

Bureau de Police du 1er arrondissement,
Théâtre ; bureau de police du 2me arrondissement, 15, rue d'Avignon ; bureau de police
du 3me arrondissement, 9, rue du Mail (marché aux bestiaux).

Commissaire Central : M. FOULON.

*⁎*

La police rurale est constituée par les gar-
des-champêtres au nombre de 23, y compris
les gradés. Elle a à sa tête un chef des gardes
dont le bureau est à l'Hôtel de Ville.

Outre son affectation générale, prévue par la
Loi, le service des gardes recueille les décla-

rations s'appliquant aux récoltes et, au besoin, concourt à la police urbaine sous les ordres du Commissaire Central.

Chef des gardes : M. Roche.

6° *La 5ᵉ division*, formée par le Service de l'Octroi et des Régies municipales.

Le service de l'Octroi constitue une régie simple. Le règlement et le tarif qui en sont la base sont votés par le Conseil Municipal et approuvés par décret du Président de la République ; règlement et tarifs expirent le 31 décembre 1933.

La perception des régies municipales est confiée à l'octroi.

Ce double service comporte 60 agents, y compris les gradés : 28 agents à l'Octroi, 32 aux Régies municipales.

Préposé en chef, Directeur des Régies et des Halles : M. Salan Louis.

7° *La Recette Municipale*. — Receveur municipal : M. Bac Albert.

**B. — Les services techniques comprennent :**

1° Le Service des Travaux publics qui se subdivise en :
a) Service des Bâtiments.
b) Voirie urbaine et vicinale.
c) Service des eaux.
d) Assainissement.
e) Eclairage.

Il est placé sous l'autorité d'un architecte, directeur des T. P.

Le Service des Eaux est en régie. Ce sont les employés d'octroi, qui perçoivent trimes-

triellement les recettes provenant de cette régie, sur états établis par le comptable du service.

Le tarif des eaux est le suivant :

Concessions desservies par le réservoir des
bas quartiers :

Catégorie A. — Concessions ordinaires .
0,80 le mètre cube.

Catégorie B. — Concessions industrielles :
0,70 à 0,50 le mètre cube.

Catégorie C. — Concessions hors limites :
de l'octroi : 0,90 le mètre cube.

Concessions desservies par le réservoir des
hauts quartiers :

Catégorie D. — Concessions ordinaires :
0,90 le mètre cube.

Catégorie E. — Concessions industrielles :
0,80 le mètre cube.

Catégorie F. — Concessions hors limites
de l'Octroi : 1 fr. le mètre cube.

L'eau prise avec des tonneaux aux bouches
désignées par le Directeur du Service des
Eaux sera payée à raison de 1,60 le mètre
cube pour les bas-quartiers et 2,60 pour celle prise aux bouches desservies par les hauts
quartiers.

Tarif dégressif s'appliquant à l'année (Concessions industrielles) :

Pour les 100 premiers mètres cubes : 0,70.
De 1001 à 2000 mètres cubes : 0,65.
De 2001 à 3000 mètres cubes : 0,60.
De 3001 à 5000 mètres cubes : 0,55.
De 5001 et au-dessus : 0,50.

*Etablissements charitables*

Bas quartiers, le mètre cube : 0,50.
Hauts quartietrs, le mètre cube : 0,60.

Bas quartiers, le mètre cube : 0,60.

Hauts quartiers, le mètre cube : 0,70.

Le service de l'assainissement est exécuté par un entrepreneur, sous le contrôle de l'administration.

L'entrepreneur fournit les tombereaux, leurs attelages et les tombeliers. Le balayage et l'arrosage des rues et places sont exécutés directement par la ville.

Le fourniture des matériaux nécessaires à l'entretien des rues et places a été concédée par adjudication à un entrepreneur ainsi que les travaux d'entretien et de réparations. Cette entreprise prend fin le 31 décembre 1929.

Directeur du service : M. GIGNOUX Gabriel.

2° *Le Bureau d'Hygiène,* installé dans l'ancien Evêché dont les attributions obligatoires sont :

a) Mesures sanitaires concernant les individus.

b) Mesures sanitaires concernant les immeubles.

c) Mesures sanitaires concernant la commune.

Et les attributions facultatives :

a) Service médical de l'Etat civil et service de la vaccination.

b) Statistique démographique.

c) Hygiène alimentaire.

d) Police sanitaire des animaux.

e) Surveillance des établissement insalubres, dangereux ou incommodes.

Directeur du service : M. le Dr DELON.

3° *Le Laboratoire Municipal* : Directeur : M. Aubouy. (Analyses, répression des fraudes).

4° *Le Marché aux Bestiaux*. — Directeur : M. Egmann, vétérinaire. (Le marché se tient tous les mercredis).

5° *L'Abattoir*, Directeur : M. Hugon, vétérinaire.

Le Directeur de l'Abattoir et celui du Marché, sont en même temps, Inspecteurs des Viandes et comestibles exposés en vente aux Halles ou dans les magasins. Le Directeur du Marché est également Inspecteur du clos d'équarissage situé route de Beaucaire.

Les Halles centrales servent pour la vente au détail des denrées et comestibles.

Les étaux en sont attribués à l'adjudication pour une période de 3 ans.

Les Halles Saint-Charles constituent un marché d'approvisionnement.

La vente au détail y est interdite. La revente également, sauf pour les denrées et comestibles venant du dehors.

***

6° *L'Ecole Nationale de Musique* succursale du Conservatoire de Paris, — Directeur : M. Fontayne. Siège : Ancien Evêché.

L'admission des élèves se fait par voie d'examen et de concours qui ont lieu du 15 octobre au 1er novembre. Aucun aspirant ne peut y être admis s'il a moins de sept ans et plus de vingt-deux ans, sauf pour les aspirants au cours de chant (hommes).

7° *L'Ecole Municipale des Beaux-Arts.* — Siège : Ancien Evêché. — Directeur : M. ELOY-VINCENT.

L'enseignement à l'Ecole des Beaux-Arts comprend toutes les branches de l'art du dessin. On y enseigne également l'art de la peinture. Pour y être admis, par voie de concours, les aspirants doivent remplir les conditions suivantes : a) savoir lire, écrire et calculer ; b) être âgé de 12 ans au moins.

Le Directeur de l'Ecole des Beaux-Arts est en même temps Directeur du Musée de la rue Cité-Foulc, où sont exposées les œuvres de Maîtres français et étrangers ; peinture et sculpture.

8° *La Bibliothèque Municipale.* — Siège : Grand'rue. Conservateur : M. De LOYE.

Les ouvrages, revues ou journaux qu'elle renferme ne peuvent être consultés en principe que dans le local même de la Bibliothèque, dans la Salle affectée à cette fin. Cependant, dans certaines circonstances et sous certaines conditions, il est consenti des prêts à domicile. La demande de prêt à domicile doit être adressée au Maire.

9° *Les Musées Archéologiques.* — Sièges : Grand'rue et Maison Carrée. — Conservateur : M. ESPERANDIEU.

10° *Le Musée d'Histoire Naturelle.* — Siège : Grand'rue. Conservateur : M. MARCELIN.

11° *L'Orphelinat Municipal.* — Siège : Chemin d'Avignon, près du Pont de Justice. — Directeur : M. JOUANEN.

Les Orphelins de père et de mère ou de père ou de mère, ayant leur domicile de secours à Nimes, y sont admis à partir de l'âge de six ans et jusqu'à douze ans. C'est une Commission municipale qui prononce l'admission.

### C. — Magasin de Contrôle.

Les fournitures de toute espèce sont commandées par le Magasin de contrôle, sur bons de commande visés par l'adjoint et reçues audit magasin aux fins de contrôle. Les fournitures qui ne peuvent entrer au magasin doivent faire l'objet d'un contrôle sur place par le chef de service, qui doit tenir en même temps la comptabilité détaillée et par service de toutes les fournitures reçues et attribuées aux divers services.

### D. — Le personnel subalterne.

Le personnel subalterne comprend les concierges des diverses écoles, les femmes de charge des écoles maternelles et les journaliers recrutés par l'Administration.

---

## 7. — AUTRES SERVICES MUNICIPAUX

*Ecoles Publiques.* — La ville de Nimes compte 42 écoles dont la répartition est indiquée à la dernière page du Budget.

*Ecole de plein air.* — Avenue du Mont-Duplan, Maison Prophète.

L'Ecole de plein air est une école exclusivement municipale.

On n'y reçoit, après visite médicale, que des élèves malingres et chétifs ayant l'âge règlementaire.

Les cours sont faits autant que possible en plein air.

Directrice : Mme MATHIEU.

*Lavoirs Publics*. — La Ville de Nimes possède des Lavoirs publics au nombre de 10. Ils sont installés aux points suivants : rue des Bénédictins, rue du Puits-Couchoux, rue d'Avignon, rue Ste-Perpétue, boulevard Jean Jaurès, Quai du Cadereau, Quartier de la Croix de Fer, rue de Générac, Lavoir de Courbessac, Lavoir de Saint-Césaire.

*Etablissements municipaux à usage de bains*

a) rue Notre-Dame, ancien établissement Bérard, où se trouve un bassin de natation.

b) rue Saint-Mathieu.

Dans chaque établissement fonctionnent des bains-douches populaires au prix de 1,25. 12 cabines sont installées rue Notre-Dame, 5 rue St-Mathieu.

### D. — Divers.

*L'Office de Placement départemental et municipal*, rue Auguste, n° 2.

*Corps des Sapeurs-Pompiers*. — Les sapeurs pompiers de la ville de Nimes, forment, constitués en Compagnie, un Corps Municipal relevant du Ministère de l'Intérieur et placé sous l'autorité du Maire, soldé, équipé et habillé aux frais de la Commune.

Il est établi un poste permanent de jour et de nuit à l'Hôtel de Ville ; ce poste est composé d'un caporal et de quatre sapeurs logés à l'Hôtel de Ville.

Effectif de la compagnie : 120 hommes.

Capitaine Commandant : M. Tur.

Capitaine en second : M. Boudon.

---

## LOIS SOCIALES D'ASSISTANCE

---

*Assistance aux familles nombreuses.* — Les ayants-droit sont les chefs de famille remplissant les trois conditions suivantes :

a) Etre de nationalité française ; b) avoir des ressources insuffisantes pour élever les enfants légitimes ou reconnus dont ils ont la charge ; c) avoir à leur charge un nombre minimum d'enfants de moins de 13 ans : 4 enfants si le père et la mère existent, deux enfants si la mère est le seul soutien ; trois si c'est le père.

L'allocation par enfant est de 180 francs par an. Elle est payable mensuellement et d'avance.

Les demandes sont transmises au Maire et instruites par le Bureau de Bienfaisance. La liste des allocations est établie par la Commission d'Assistance et arrêtée définitivement par le Conseil Municipal.

*Primes à la natalité.* — Le Conseil Général a créé dans le département du Gard, depuis le 1er janvier 1923, des primes à la naissance pour chaque enfant de nationalité française au delà du second.

Ces primes sont accordées aux mères françaises résidant dans le département depuis un an, ayant au moins deux enfants vivants lorsqu'il leur en nait un nouveau et qui adressent une demande écrite au Préfet du Gard.

Elles sont ainsi fixées : 300 fr. pour le troisième enfant, 400 francs pour le quatrième, 500 francs pour le cinquième et ainsi de suite.

Les demandes doivent parvenir au Préfet dans les 30 jours qui suivent la naissance de l'enfant, faute de quoi il ne leur est pas donné suite.

*Encouragement national aux familles nombreuses* (loi du 22 juillet 1923). — Complètement à la charge de l'Etat. Les bénéficiaires touchent 30 francs par mois et par enfant dans les conditions de la loi sur l'assistance aux familles nombreuses. L'allocation servie ne se cumule pas avec celle provenant de la loi susmentionnée. Adresser le demande au Maire.

*Assistance aux femmes en couches.* — Toute femme, épouse légitime ou fille mère, de nationalité française, peut recevoir l'allocation journalière attribuée aux femmes en couches, si elle remplit les conditions suivantes : a) être privée de ressources suffisantes ; b) respecter certaines prescriptions, relatives les unes au repos, les autres à l'hygiène.

Les demandes sont adressées au Maire, et instruites par le Bureau de Bienfaisance. La liste des bénéficiaires est établie par la Commission d'Assistance et arrêtée définitivement par le Conseil Municipal. Cette procédure s'applique au cas d'admission normale, c'est à dire aux demandes formées par les postulants un certain temps avant l'époque probable de leurs couches. Les admissions d'urgence sont prononcées par le Maire, qui en réfère au Conseil Municipal lors de sa plus prochaine séance.

Le taux de l'allocation journalière est de 1,50 pendant les quatre semaines qui précèdent les couches et de 2 francs pendant les quatre semaines qui les suivent, même si l'enfant est mort-né.

*Allocation supplémentaire temporaire.* — Toute française admise au bénéfice de la législation des femmes en couches et allaitant son enfant au sein, reçoit pendant les douze mois qui suivent l'accouchement une allocation mensuelle supplémentaire de 15 frs.

*Assistance médicale gratuite.* — Tout français malade, privé de ressources, reçoit gratuitement de la commune, du Département ou de l'Etat, suivant son domicile de secours, l'assistance médicale à domicile ou, s'il y a impossibilité de le soigner utilement à domicile, dans un établissement hospitalier. Les conditions générales d'organisation du service de l'assistance médicale gratuite sont déterminées par la loi du 15 juillet 1913.

En vertu du règlement spécial qui régit la Ville de Nimes, l'assistance à domicile est confiée au Bureau de Bienfaisance et l'assistance hospitalière, à la Commission administrative des Hôpitaux.

Le domicile de secours s'acquiert par une année de séjour dans la commune.

*Assistance aux vieillards, infirmes et incurables.* — Tout français privé de ressources, soit âgé de plus de 70 ans, soit atteint d'une infirmité ou d'une maladie incurable, qui le rend incapable de subvenir par son travail aux nécessités de l'existence, reçoit l'assistance instituée par la loi du 14 juillet 1905.

Le taux de l'allocation pour la ville de Nimes est de 5, 10, 15 au 20 francs par mois. Cette allocation a été portée à 30 frs (maximum) par délibération du Conseil municipal du 7 janvier 1929, à partir du 1er janvier 1929 ; l'Etat y ajoute un supplément mensuel de 10 francs.

Le domicile de secours s'acquiert par une résidence habituelle, continuelle et volontaire de 5 ans dans la Commune postérieurement à la majorité ou à l'émancipation.

Les demandes doivent être adressées au Maire. Elles sont instruites par le Bureau de Bienfaisance. La liste des bénéficiaires est préparée par la Commission d'Assistance et arrêtée définitivement par le Conseil municipal.

*Allocations militaires.* — Les demandes d'allocations militaires doivent être adressées au Maire. Elles sont instruites par la troisième Division et présentées pour avis au Conseil municipal. Une Commission spéciale est chargée de les attribuer dans les conditions de la loi. Elles ne sont accordées qu'aux soutiens de familles reconnues nécessiteuses. L'allocation est ainsi fixée :

a) pour l'active : allocation principale journalière, 1,60 majorée de 2 frs pour le premier enfant, 2,50 pour le second, 3 frs pour le troisième, etc. etc.

b) pour la réserve : allocation principale journalière : 5 frs, majorée comme ci-dessus suivant le nombre d'enfant à charge.

# BOURSES DÉLIVRÉES PAR LE CONSEIL MUNICIPAL

Le Conseil Municipal inscrit toutes les années à son budget un crédit de 14.500 francs destiné à des bourses pour le Lycée de garçons et un crédit de 2.400 francs pour les Bourses destinées au Lycée de jeunes filles.

Les Bourses ou parties de Bourses sont attribuées par les soins d'une Commission municipale aux élèves ayant satisfait aux épreuves du Concours.

Il accorde également des subventions pour frais d'études aux élèves qui poursuivent leurs études soit dans des établissements d'ordre professionnel, soit dans des Facultés, soit dans les écoles relevant des Beaux-Arts quand il est prouvé qu'ils en sont dignes par leur travail et qu'ils appartiennent à des familles peu fortunées ou nombreuses. Les demandes doivent être adressées chaque année dans le courant d'octobre et de novembre.

## Legs faits à la ville
### pour les revenus en être attribués à certaines personnes spécifiées dans l'acte de donation

a) *Legs Boucher de Crèvecœur de Perthes.*
Objet: Récompenser les meilleures ouvrières.
Prix : 900 francs.

b) *Donation Louis Rigal.*
Montant : 20.000 francs, sur lesquels ont été prélevés les frais de donation.

Les intérêts du capital net sont attribués chaque année au préparateur en pharmacie-homme comptant le plus d'année de services à Nimes.

c) *Legs Suchomel.*
Même objet que le legs Boucher de Perthes.
Prix : Montant des intérêts du capital.
Montant du legs : 15.000 francs.

Ces trois prix sont décernés : les 1er et 2e, le 14 juillet, le 3e, la veille ou le lendemain de Noel. Ils sont attribués par une même Commission spéciale.

d) *Legs Sirven.*
Objet : Récompenser deux jeunes filles, appartenant à des familles nombreuses, qui se marient avant l'âge de 22 ans.
Montant du legs : 4.560 francs.
Prix : Montant des intérêts du capital.

e) *Legs d'un anonyme.*
Montant : 5.000 francs.
Prix : Montant des intérêts du capital pour récompenser l'agent de police ayant fait preuve du plus grand courage dans la poursuite des malfaiteurs.

# ÉTABLISSEMENTS DE BIENFAISANCE

F) *Bureau de Bienfaisance.* — Le Bureau
de Bienfaisance dont le siège est rue Dorée,
15, a pour mission la distribution de secours
à domicile. Il administre en même temps: une
*crèche*, rue Enclos-Rey, 12, où sont recueil-
lis tous les jours, de 8 heures à 5 heures du
soir, les enfants de 1 mois à 3 ans ; l'œuvre
dite « La Goutte de lait », installée au Bureau, rue Dorée, dont l'objet est la distribution gratuite de lait pasteurisé aux enfants
en bas âge. Ses ressources proviennent : 1°
de sa dotation ; 2° des taxes qu'il perçoit sur
les spectacles ; 3° des subventions municipales ; 4° des dons et legs qu'il reçoit. Il est
administré par une Commission de 7 membres, dont 2 sont désignés par le Conseil municipal et 4 nommés par le Préfet ; leurs
fonctions durent 4 ans. Elle est indéfiniment
renouvelable. Le Maire est le Président-né de
la Commission. Il ne peut être remplacé par
un adjoint que dans le cas où ce dernier remplit dans leur plénitude les fonctions de
Maire.

G) *Hôpital et Hospices.* — L'Hôpital reçoit
et traite les malades et les femmes en couches ; il est situé rue de la République.
L'Hospice admet en entretien les vieillards,
les infirmes, les incurables et les enfants as-
sistés. Il est situé au chemin d'Uzès. L'Hospice admet encore, à titre de dépôt, les alié-
nés en instance de transfert à l'Asile de Mon-
devergues.

L'Hôpital annexe des tuberculeux est situé
rue de Bouillargues.

La maternité est située route d'Uzès, dans les dépendances de l'Hospice.

Des services de consultations externes fonctionnent à l'Hôpital, au Centre radio-chirurgical et à la Maternité.

Leurs ressources proviennent : 1° de leur dotation ; 2° de leur part sur le montant des concessions délivrées dans les Cimetières (un tiers du montant de la concession) et sur le produit du droit des pauvres (un tiers) ; 2° de dons et legs qu'ils reçoivent ; 3° du produit des journées d'hospitalisation.

L'hôpital possède un centre radio-chirurgical anti-cancéreux (rue du Mail) et une École d'infirmières installée rue de Bouillargues (hôpital annexe des tuberculeux).

Tous ces services sont administrés comme le Bureau de Bienfaisance par une Commission de 7 membres, présidée par le Maire et dont 2 membres sont désignés par le Conseil municipal.

H) *Caisse de Crédit Municipal.* — La Caisse de Crédit Municipal, autrefois Mont de Piété, est un établissement de prêt sur nantissement. Elle a été créée, comme d'ailleurs tous les établissements de ce genre, dans l'intérêt des emprunteurs, qu'elle soustrait aux exactions de l'usure. C'est à la fois un établissement d'utilité publique et de bienfaisance. Elle est administrée par une commission composée de 7 membres. Le Maire en est le Président-né.

Les six autres membres sont nommés par le Préfet, deux d'entre eux représentent le

Conseil Municipal. Leur fonction dure quatre ans. Elle est renouvelable.

Siège : rue Alexandre Ducros.

Directeur : M. LACOSTE.

**Caisse des écoles.** — La Caisse des Ecoles a été instituée par délibération du Conseil municipal des 18 août et 26 décembre 1882, en exécution de la loi du 28 mars 1882. Elle est autonome et a pour but de faciliter la fréquentation des classes par des récompenses sous forme de livres utiles et de livrets de Caisse d'Epargne aux élèves les plus appliqués, et par des secours aux élèves indigents ou peu aisés. Ses ressources se composent :

a) des subventions qu'elle peut recevoir de la commune, du département ou de l'Etat.

b) des fondations ou souscriptions particulières.

c) du produit des dons, legs, quêtes, etc...

Elle est administrée par un Comité composé des membres de la Commission scolaire et de 30 autres membres élus pour une période de 3 ans.

Le crédit voté par le Conseil Municipal pour la Caisse des Ecoles est de 45.000 frs.

Elle reçoit, en outre, 20 pour cent des sommes recueillies dans les troncs des bascules automatiques installées sur quelques points de la ville.

**NIMES**

Imprimerie Coopérative « L'Ouvrière »

4, Rue Grizot, 4

—

1929

NIMES
IMPRIMERIE COOPÉRATIVE « L'OUVRIÈRE »
4, Rue Grizot, 4
—
1929